अंधेरे का प्रकाश

A POETRY COLLECTION

आशिमा भरद्वाज

Copyright © Aashima Bhardwaj
All Rights Reserved.

मैं इस पुस्तक को उन सभी को समर्पित करना चाहती हूं जो वास्तव में सहायक थे। मैं इस पुस्तक को अपने परिवार के सदस्यों , अपने दोस्तों, अपने दादा-दादी को समर्पित करना चाहती हूं।

क्रम-सूची

प्रस्तावना

मैं अपनी पुस्तक को इस मंच पर प्रकाशित करने के अवसर के लिए वास्तव में आभारी हूं, मैं वास्तव में उन सभी को धन्यवाद देना चाहती हूं जिन्होंने इस प्रक्रिया के दौरान वास्तव में समर्थन किया।यह पुस्तक उन सभी कविताओं के बारे में है जो दैनिक जीवन से लिए गए विभिन्न विषयों को समर्पित हैं और मैं आप सभी से वादा करती हूं कि आपको यह किताब बहुत पसंद आएगी।

भूमिका

मैं आशिमा भारद्वाज हूं, एक स्कूली छात्र हूं जिसमें लिखने का जुनून है, लिखने का एक सपना मुझमें रेंगता है। मैं वह विशेषज्ञ नहीं हूं और न ही मेरे पास बहुत अधिक अनुभव है लेकिन हां आपके प्यार के लिए पर्याप्त है। मैं कविता संग्रह के रूप में अपनी पहली पुस्तक "द लाइट इन द डार्क" प्रकाशित कर रही हूं। मुझे आपके सामने खड़े होने और अपनी इस पुस्तक का परिचय देने में गर्व महसूस हो रहा है।

पावती (स्वीकृति)

मुझे यह अवसर देने के लिए मैं आपको और साईं बाबा को धन्यवाद देना
चाहती हूं।
आशिमा भारद्वाज

आमुख

चलो शुरू करें
अंधेरे का प्रकाश

1. घने बादल

छाए है घने बादल।
डर मत उजाला भी आएगा ।।
ए मुसाफिर तू अपनी मंजिल ज़रूर पाएगा ।
अंधेरे से डर गया तो वो तुझे निगल जाएगा।।
कर फैसला रख हॉंसला ।
तू एक दिन उस अंधेरे को अपने उजाले से हराएगा ।।
काली रातों से दर कर बैठेगा।
या हॉंसला रख अपने नाम को मिसाल बनाएगा ।।
आँधियो से डर चील तो नहीं झुकती।
बल्कि और ऊंचाई छू आँधियो को झुकाती है ।।
कहते है रात सबसे घनी होती है उजाले से पहले ।
घने बदल आते है , तूफ़ान आते है।।
तुझे पहले से कई ज्यादा निखार कर ही जाते है ।
इन मुश्किलों से डर गया तो जिंदगी से हार जाएगा ।
अपना वजुद खोकर खुदसे भी नज़र नहीं मिला पाएगा ।।
छाए है घने बादल।
डर मत उजाला भी आएगा ।।
हीरा तराशे बिना अपनी चमक नहीं पाता ।
कमल कीचड़ में ही खिलता है ।।
मुश्किलें तुझे तराशती है ।
कितनी बार अपने आप को उनसे डराएगा ।।
छाए है घने बादल।
डर मत उजला भी आएगा ।
डर मत उजाला भी आएगा ।।

2. माँ

उसमे सारा जहान समाया है।

खुदा ने उसे बहुत सोच के बनाया है।।

खुदा हर जगह नहीं हो सकता ,तो उसे बनाया।

सारा सुख तो है उसी में समाया ।।

उसकी ममता में देखो कितना दम है।

सारी खुशियों की कीमत भी उसके आगे काम है।।

वो है गंगा ,वो है गाए।

बच्चों की परेशानियों का अकेला उपाए।।

कितने भी शैतान क्यों न हो।

उसके लिए तुम प्यारे हो।।

तुम हमेशा उसकी आँख के तारे हो।

उससे झूठा कोई नहीं, कितना झूठ है कहती।।

शारात करो तो बोली रात का खाना न दूँगी।

पर रात में अपने हाथ से खिलाती ।।

माँ मम्मा माताजी आई।

सारी दुनिया तुझमे समाई।।

कितना भी शैतान, तेरे लिए में अच्छा हूँ।

माँ मैं आज कल हमेशा तेरे ही बच्चा हूँ ।।

3. बाबा - शिरडी के दाता

राम भी तू, रहीम भी तू।
सबकी परेशानियों का हकीम भी तू।।
अल्लाह भी तू ,मालिक भी तू।
इस दुनिया का चालक भी तू।।
करुणा भी तू ,दया भी तू।
पेड़ की शीतल छाया भी तू।।
श्रद्धा भी तू, तू ही सबूरी।
सबकी इच्छा करते पूरी।।
तेरा दर है दया का सागर।
सभी चिंताए लेजाए बहाकर।।
तेरा नाम जब भी लूँ चिंताए भूल जाता हूँ।
साई साई के नाम में मलंग हो जाता हूँ ।।
शिरडी तेरा है वो मंदिर।
वही है गिरजा ,वही है मक्का ,वही मदीना
जो भी आए सीखे जीना।।
अपनी शरण में रखना हमेशा।
न छोड़ना मेरा साथ।।
करना न कभी अपने आप से दूर।
हमेशा रखना मेरे सर पर अपना हाथ।।
कटता है साई ये सफर इसी सहारे।
की खड़ा है तू दूसरे किनारे।।
साई है श्याम ,साई है राम ,साई ही भगवान।
शिरडी के दाता ही सबसे महान।।
साई ही सबसे महान।

बाबा ही सबसे महान ।।

4. जल

क्या सोचा था कभी, एक समय यूँ भी आएगा

इस धरती पर पानी यूँ विलुप्त होने की कगार पर आ जाएगा

जल ही तेरा साथी है ,तेरा सबसे बड़ा मित्र

और तू इसी मित्र की एहमियत समझने में असफल हो जाएगा

बदल बन अमृत बरसाए

फ़सल तैयार कर तेरे परिवार की भूख मिटाए

सोच, अगर पानी न रहा

तो तेरे परिवार की भूख कौन मिटाएगा

तेरी प्यास कौन मिटाएगा

इस युग का अमृत है पानी

धरती का श्रृंगार है पानी

तेरे लिए वरदान है पानी

इसे बचा, वरना कल को तू अपनी गलतियों पर पछताएगा

अगर अब भी तू नहीं समझा

तो तेरे कर्मों का फल लौटकर आएगा

तू भी पानी की एक एक बंद के लिए तड़प तड़प के मर जाएगा

क्या सोचा था कभी, एक समय यूँ भी आएगा

इस धरती पर पानी कम पढ़

इस धरती पर पानी कम पढ़

5. मार्ग दर्शक

नासमझी के बादल उसने हटाए।
बच्चो में ज्ञान के दिए जलाए।।
जो सदैव सही रस्ते पर चलना सिखाए।
वो ही सच्चा गुरु कहलाए।।
गुरु नहीं ज्ञान है वो।
हर मुश्किल का उपाए बताए ऐसे विद्वान है वो।।
गुरु हर वो इंसान है जो तुझे कुछ सिखाए।
तुझे जीवन के कुछ अनोखे पाठ पढ़ाए।।
डरना नहीं लड़ना सिखाए।
मुश्किलों से लड़ कर तुझे आगे बढ़ना सिखाए।।
वो ही एक सच्चा गुरु कहलाए।
हर कदम पर जो सफलता का नया रास्ता दिखाए।
वो ही सच्चा गुरु कहलाए।।
जो सही गलत का अंतर समझाए।
वो ही सच्चा गुरु कहलाए।।
वो ही सच्चा मार्ग दर्शक कहलाए।।

www.ingramcontent.com/pod-product-compliance
Lightning Source LLC
Chambersburg PA
CBHW021201130726
47988CB00004B/1707